Heute bin ich ein Pirat

Von Sven Leberer (Bilder)
und Imke Rudel (Text)

CARLSEN

Dem kleinen Piraten ist es ganz egal, wie sauber seine Kleidung ist. Hauptsache, sie ist schön bunt! Malst du sie an?

Auf diesem Schiff lebt der kleine Pirat. Welcher Schatten gehört zu seinem Schiff? Kreuze ihn an.

Der Vater des kleinen Piraten ist der Kapitän des Piratenschiffs. Er trägt einen wilden Bart, eine finstere Augenklappe und abenteuerliche Tätowierungen. Male diese Dinge dazu.

Was entdeckt der kleine Pirat im Meer?
Du erkennst es, wenn du die Zahlen von
1 bis 20 miteinander verbindest.

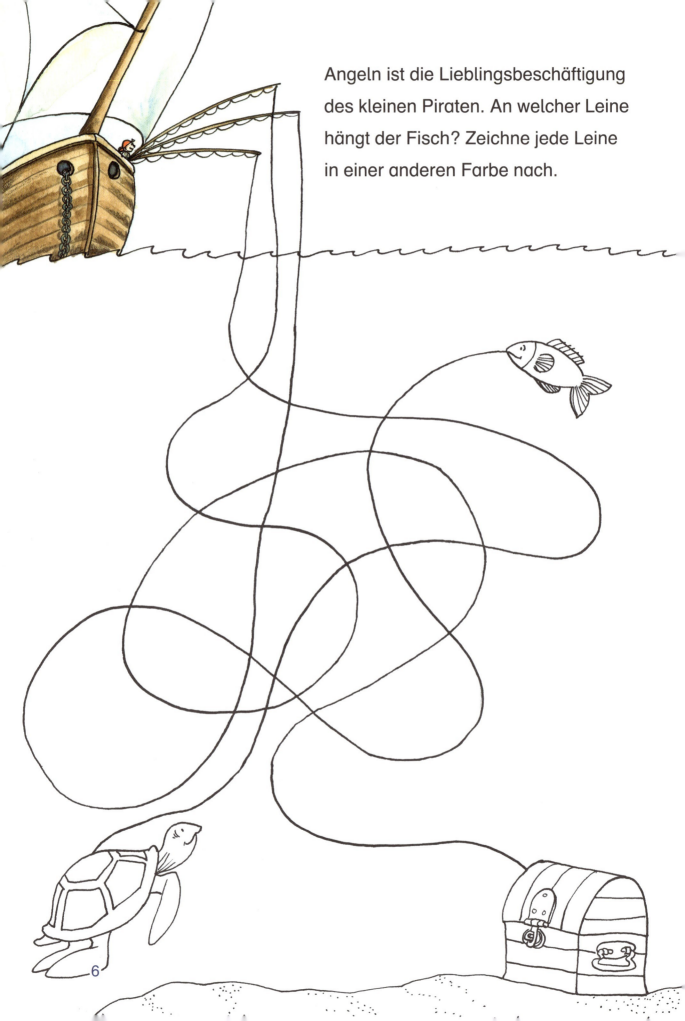

So wirst du selber zum Piraten: Lege dir ein Tuch über den Kopf oder um die Stirn und knote es hinten zu. Male dir mit einem Schminkstift einen Bart und setze die Augenklappe von Seite 11 auf.

Tipp: Frage deine Eltern nach einer alten Hose und einem alten Hemd, die du fransig abschneiden kannst.

Der kleine Pirat soll den Laderaum aufräumen. Hilfst du ihm?
In jeder Reihe passt ein Gegenstand nicht zu den anderen.
Streiche ihn durch und male alle an.

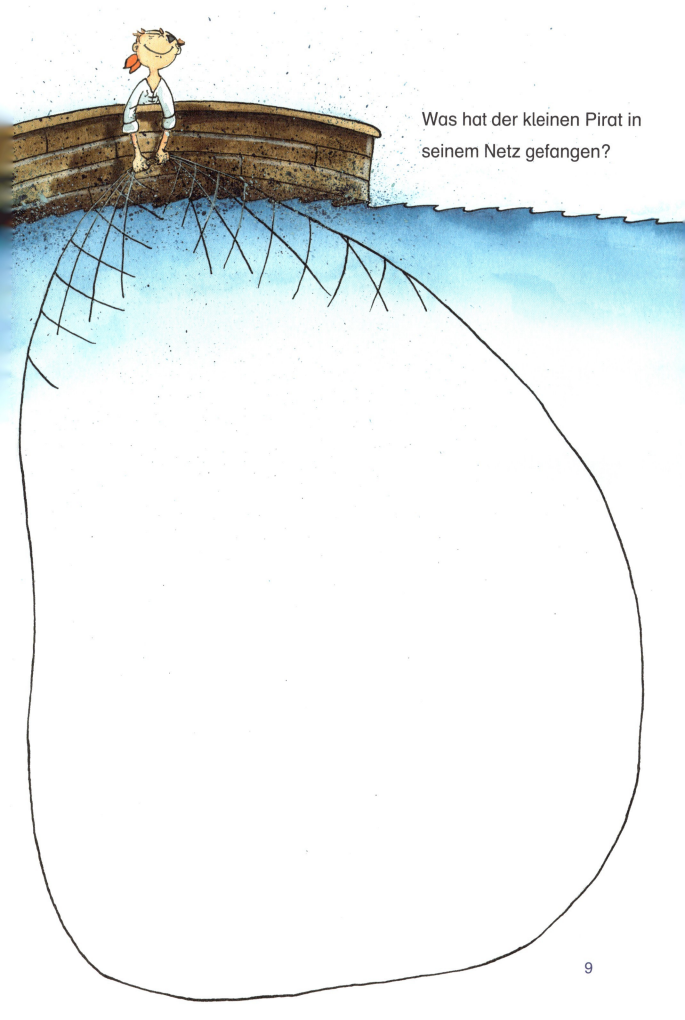

Was hat der kleinen Pirat in seinem Netz gefangen?

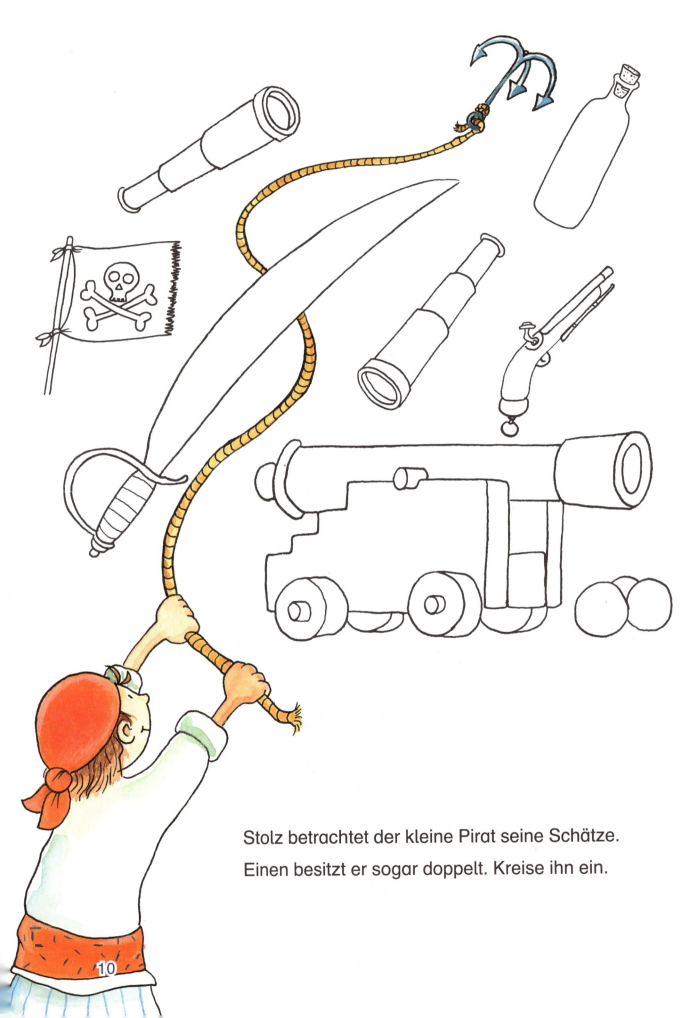

Stolz betrachtet der kleine Pirat seine Schätze.
Einen besitzt er sogar doppelt. Kreise ihn ein.

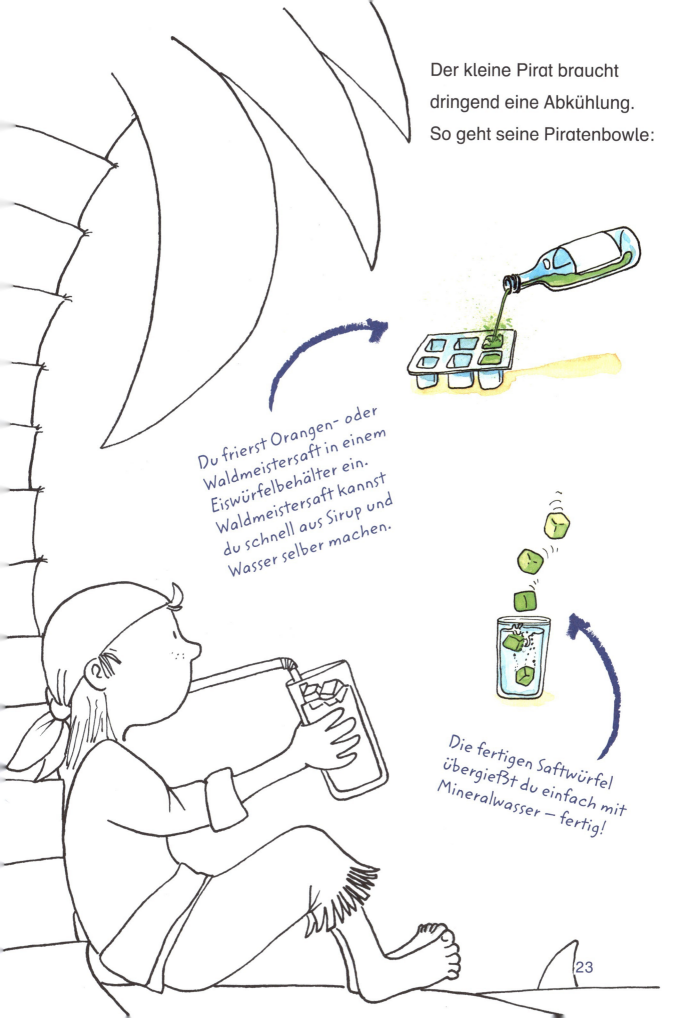

Der kleine Pirat hat seine Freunde zu einem Piratenschmaus eingeladen. Wer sitzt mit am Tisch? Male seine Gäste.

Der kleine Pirat hat eine tolle Spielidee: Hai-Alarm! Spielst du mit?

1 Für jeden deiner Piratenfreunde legst du eine „Insel" aus Zeitungspapier auf den Boden. Ein Pirat hält Hai-Wache.

2 Zuerst springen alle wild durchs „Wasser". Sobald die Wache „Hai-Alarm!" ruft, rettet sich jeder Pirat auf eine Insel. Geschafft?

3 Dann wird in jeder Runde eine Zeitung weggenommen und die Piraten müssen sich die Inseln teilen. Wer ins Wasser fällt, scheidet aus.

Ob ihr zum Schluss alle gemeinsam auf die letzte Insel passt?

Die Piraten haben bei einem Überfall reiche Beute gemacht.
Der kleine Pirat soll alles gerecht verteilen. Hilf ihm dabei und kreise immer 3 Goldstücke ein.

Auf dem Piratenschiff gibt es viele tierische Mitbewohner. Wie viele Ratten und Möwen entdeckst du? Male sie an und trage die Zahlen in die Kästchen ein.

Es ist gar nicht schwer, selbst ein Piraten-Erkennungszeichen zu malen. Die Bilder zeigen dir, wie es geht – und auf der nächsten Seite ist Platz zum Ausprobieren.

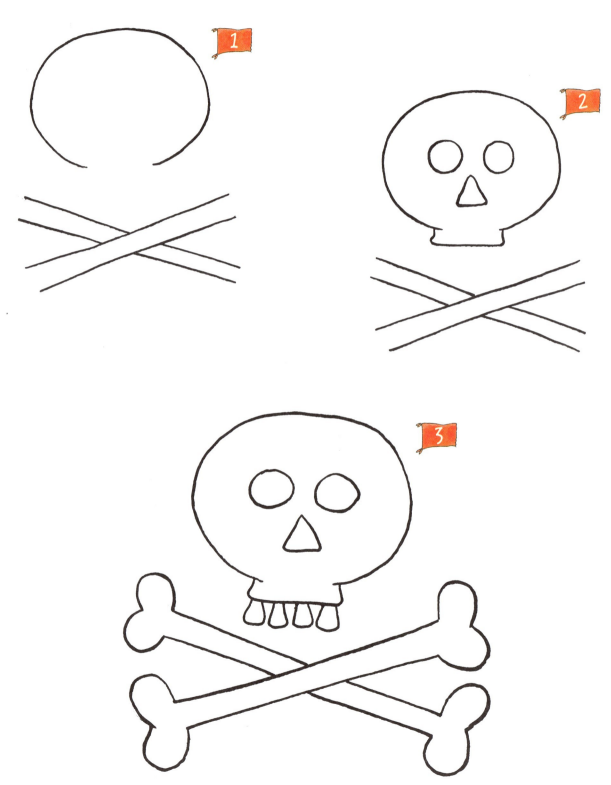

Jeder Pirat träumt davon, einmal im Leben einen Schatz zu finden.
Male dem kleinen Piraten einen tollen Schatz in die Kiste.

Lösungen:

S.3

S.10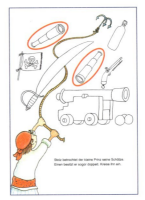

S.5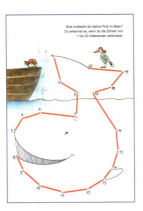

S.26

S.6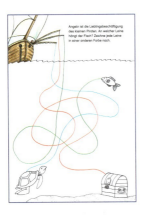

S.27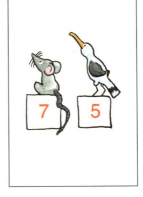

S.8

S.30